केसर के फूल

काव्य संग्रह

प्राकृतिक, सांस्कृतिक, सामाजिक एवं व्यंग्यात्मक कविताओं की सामयिक रोचक पुस्तक जिसे आप बार बार पढ़ना चाहेंगे।

नवनीत कुमार

Made with ♥ on the Notion Press Platform
www.notionpress.com

विषय सूची

शुभेच्छा

नवोदित कवि नवनीत कुमार के दूसरे काव्य–संग्रह "केसर के फूल" की खूबसूरत समसामयिक कविताएँ पढ़ीं और चकित रह गई कि नवनीत इतनी गहन भावों और संवेदनाओं से लबरेज़ कविताएं भी लिखते हैं....! क्योंकि कविताई खाली बैठे का काम नहीं, अपितु यह भावुक और संवेदनशील हृदय का 'सहज प्रवाह' है। कवि की दृष्टि, उसके एहसास, उसकी सोच आमजन से हटकर होती है। अपने आसपास घट रही घटनाओं को, छोटे–बड़े वाक़यों को सृजनशील इंसान बहुत गम्भीरता से देखता है, महसूस करता है और अन्ततः वे ही उसकी कविता का स्रोत बन जाते हैं और संवेदना व भावों में लिपटी अभिव्यक्ति कोमल शब्दों में ढलकर पन्नों पर उतर कर कविता का रूप ले लेती है।

नवनीत ने आजीविका के लिए कॉर्पोरेट मैनेजमेंट का कार्य किया, तो कभी कम्पनी और उत्पादन मिल के एग्ज़ीक्यूटिव के रूप में..., लेकिन अन्दर कहीं कविताओं का दरिया भी चुपचुप सक्रिय रहा और नौकरी से फ़ारिग होने पर, लम्बे समय से मन की परतों में स्पन्दित कविताओं का वो दरिया बह निकला –जो पहले 'बासन्ती पल' काव्य संग्रह के रूप में सामने आया और अब दूसरे काव्य संग्रह **'केसर के फूल'** के रूप में प्रकाशित होने जा रहा है।

William Wordsworth ने ठीक ही कहा हैं – *Poetry is the spontaneous overflow of powerful feelings-It takes its origin from emotions recollected in tranquillity.*

एक कहावत और याद आ रही है–*Rome was not built in a day*.....

सच में काव्य–सृजन एक दिन में घटने वाला तिलस्म नहीं है, वरन इसकी नींव मन की गहन परतों में संवेदना और भावनाओं के ख़ास पलों में स्वतः ही काफ़ी लम्बे समय से पड़ जाती है, जिससे हम अंजान रहते हैं। फिर उसके बाद महकते फूलों सी कविताओं के बीज – बाह्य घटनाओं और गतिविधियों से रू–ब–रू होने पर उसमें पड़ते रहते हैं और कविताएं पल्लवित होती रहती है।

नवनीत   विविध विषयों पर कविता लिखते हैं। जिस चीज़ ने भी उनके मन को पकड़ लिया, चाहे वह मौसम हो या त्यौहार, गर्मी हो या बरसात, वे सबको एक खूबसूरत कविता में ढाल देते हैं। इस संग्रह में प्रकाशित सभी कविताएं उत्कृष्ट और मन को मोहने वाली हैं।

इक्कीसवीं सदी के कलयुगी लोग पार्टी, मदिरापान, शोरगुल, हिल स्टेशनों और विदेश सैर–सपाटे के लिए जाने को ही नए साल का स्वागत करना मानते हैं – इस निरुद्देश्य खोखली रवायत पर तंज करते हुए, अपनी कविता **'नव–वर्ष की दौड़ में'** नवनीत लिखते हैं.....

क्या देकर है जा रहा, हमे पुराना साल
नए साल की चाह में, क्यों होते बेहाल
उठा के गाड़ी दौड़ चले, शिमला नैनीताल
रात बिताई गाड़ी में, सड़क पे डेरा डाल
हिल–स्टेशन बंधे हुए, सीमित संसाधन
भेड–चाल से झेल रहे, पीड़ा अति–दोहन

देश में बढ़ती ग़रीबी,छल, कपट, साम्प्रदायिकता, भ्रष्टाचार और इस सबके बाद भी नेताओं द्वारा "अच्छे दिनों" का झूठा आश्वासन –इस पर **'यूं ही झिलमिलाएंगें'** और **'नए दिन हैं आ गए'** कविता में व्यंग्यपरक शैली में कवि कहता है ....

गरीबी मिटाने आए थे, गरीबी बढ़ गई
जितनी मिली ग्रांट, मिलजुल के खा गए।
घोटाला–लिप्त पार्टी पे, ई.डी. चढ़ गई
आधी भरीं हैं जेल में, क्या दिन ये आ गए।
बड़े–बड़े नेताओं की, पहचान घट गई
दुनिया में एकछत्र, पी.एम. जी छा गए।
बरसों पुरानी पार्टी भी, मात खा गई
नई सोच की जरूरत, नए दिन हैं आ गए।।

इसी तरह चुनावों के दिनों में आम जनता को किस तरह आदर–सम्मान और तरह–तरह की सुविधाएं वोट पाने के लिए दी जाती हैं, इस पर बहुत रोचक ढंग से नवनीत **'चुनाव की रेवड़ियाँ'** में लिखते हैं ....

आए चुनाव देश में
जनता जी की मौज आ गई
मुफ्त खिलाने रेवड़ी
नेता जी की फौज आ गई
आटा, राशन फ्री मिलेगा
बनवा लो बी.पी.एल. कार्ड
दिल्ली भी पेरिस बन जाए
काम नही कोई भी हार्ड।

'वो दीवाली कब आएगी' कवि की संवेदनशीलता और विचारशीलता का आईना है। कवि देश की खुशहाली की कामना करता है कि देश में न कोई फुटपाथ पर सोए, किसान फटेहाल न रहे और न कोई रोटी के लिए तरसे, सब ओर समृद्धि – सम्पन्नता का राज हो, तभी सच्ची दीवाली होगी ....

"वो" दीवाली कब आयेगी...
फुटपाथ हों जब निर्धन–विहीन,
हर व्यक्ति घर निवास करे

चहुं ओर उत्कर्ष की छाया हो,
हर दुःख विपदा का नास करे
जब कड़ी धूप, भरी सर्दी,
अर्ध–नग्न किसान नही होगा

नवनीत की एक बहुत ही दर्द भरी कविता है **'अन्तर्व्यथा'** जिसमें युवा पुत्र की असामयिक मृत्यु पर माता–पिता के दुख का परावार नहीं। माता–पिता से पहले संतान का निधन – एक ऐसा दारुण दुख होता है, जिसे सहना किसी कठोर दण्ड से कम नहीं। लेकिन जब तक जीवन है, व्यक्ति को ऐसा कष्ट भी झेलना पड़ता है। ऐसी व्यथा को सहने वाले माता–पिता की दयनीय दशा का चित्रण नवनीत ने बहुत ही मार्मिक किया है...

इतने बरस साथ रहकर छोड़ गया तन्हा
तेरी जुदाई ना सही जाती है, ना कही जाती है
दिल लगता है ना महफिल, ना तन्हाई में
जिन्दगी बस लाश की तरह बही जाती है ।

जैसा कि मैंने शुरुआत में कहा कि नवनीत के काव्य–सृजन के विषय विविध हैं। उनकी काव्यमयी सोच, लगभग हर वस्तु मे, हर घटना में, मौसम में, गाँव और शहर के जीवन में कविता खोज लेती है। **'गाँव का जीवन'** कविता में, गाँव के सादगी भरे भोले–भाले जीवन को नवनीत इस तरह शब्दों मे पिरोते हैं ....

गाय के कंडे मध्यम सी आंच
हारे में कढ़ता दूध, दही, छाछ
मिट्टी की हांडी सरसों का साग
मक्का की रोटी मक्खन का झाग
सांझ की लाली गौधूली की बेला
कंठी की घंटी   पशुधन का रेला
सोना सा बरसे स्पंदित हर तन मन
निश्छल अछूता सा   गांव का जीवन।।

'सावन का पानी' और **'सावन की पहली बारिश'** कविताएं गर्मी की तपन के बाद इस सुन्दर मौसम   का पाठक के दिलोदिमाग में बहुत सलोना और मनभावन बिम्ब उकेरती है और झर–झर   बरसते पानी के तमाम शीतल झरने मन में फट पड़ते हैं

झर झर सा झरने से झरता क्यों पानी है
टप टप सा टपके जल क्या ये कहानी है
कजरारी कारी सी कोयल   क्यों कूक गई
....
यौवन को छूकर यूँ धीमे से आई है

बहकी सी चलती वो ठंडी पुरवाई है
मौसम मे छाई ये कैसी रवानी है

'सावन की पहली बारिश'.....

सावन की पहली बारिश के खेल
भीगी सी पटरी पर चलती वो रेल
अंबर से गिरते मोती वो सच्चे
पोखर मे कूदते मेढक के बच्चे।

नवनीत प्राकृतिक आपदाओं से व्यथित और चिन्तित हुए बहुत ही विचारशील अभिव्यक्ति से अपने मन की बात **'प्राकृतिक आपदाएं'** कविता में कुछ इस तरह रखते है कि वह सोच हमें सोचने को मजबूर करती है .....

प्राकृतिक आपदाएं
स्वयं आएं या हम बुलाएं,
काश! ये सरल सी पहेली
समय रहते हम समझ जाएं
दोहन करते करते
जब भी ''अति' हो जाए
न्युटन का "नियम तीसरा"
फिर प्रकृति ही लगाए
हमारी सभी क्रियाओं की
समान, विपरीत प्रतिक्रियाएं
एक—एक कर सब सामने आएं ।।

वर्तमान परिदृश्य में युवाओं द्वारा **'आत्महत्या'** एक शोचनीय एवं दुखद विषय है। यहाँ तक कि किशोरावस्था में क़दम रखने वाले बच्चे भी प्रतियोगिता के इस कलिकाल में पढ़ाई के बोझ से दबे, कम अंक आने पर, आत्मघात जैसा ग़लत क़दम उठा लेते हैं। समाज में बढ़ती हुई, इस नकारात्मक प्रवृत्ति पर, नवनीत ने कोटा के एक छात्र द्वारा कोचिंग सेंटर पर आत्महत्या कर लेने पर बहुत मर्मस्पर्शी कविता लिखी है, जिसे पढ़कर मन भर आया .....

स्पर्धा से हताश जीवन से निराश
कुछ पल के लिए क्यों भूल गया काश!
माँ बाप भाई बहन का वो प्यार
दादा दादी रिश्तेदारों का दुलार
जीना नही बस नही जीना और
इस दुनिय मे मेरी मंजिल ना ठौर
नही कर सकता सबको परेशान
जा रहा हूँ छोड़कर ये दुनिया, ये सामान

हो सका तो अगले जनम मैं फिर आऊँगा
जो ना कर सका अब वो कर के दिखाऊँगा।।

'धूप' इस क़ायनात का एक ऐसा वरदान है, जो सारी दुनिया को सुबह–सुबह ताज़गी और गर्माहट से भरकर, सक्रिय और ऊर्जित करती है। पक्षियों की चहचहाट, फूलों का मुकुलित होना, बड़े–बूढ़ों का आंगन, गली, मुहल्ले में धूप में बैठकर बतकही करना, – मतलब कि सुनहरी धूप सब में प्राण फूंक देती है। नवनीत की कलम इस चहेती धूप पर चित्रकार की तूलिका की तरह चलती है और आँखों के सामने उसकी जीवन्त तस्वीर खींच देती है .....

पत्तों में छुपती निकलती सी धूप
ना जाने क्यों रास आने लगी है
धीमे से छू कर बहती पवन
तन मन में सिहरन जगाने लगी है
कैसी ये अश्विन की मोहक सुगंध
मादक सा मकरंद बहाने लगी है
अल्हड़ सी छेड़े ये   मौसम की मस्ती
न जाने क्यों मन को लुभाने लगी है।।

छात्र जीवन में नवनीत का कभी भी साहित्य और उसकी विधाओं कविता–कहानी आदि से दूर तक भी कोई नाता न होने पर भी, अवकाश प्राप्त करने के बाद काव्य–सृजन की दुनिया में क़दम रखना – अपने में किसी चमत्कार से कम नहीं। उनके अन्तरतम में शुरू से ही ज़रूर एक कवि छुपा हुआ रहा होगा, जो अध्ययन काल और फिर आजीविकोपार्जन के समय मुखर नहीं हो पाया, लेकिन सांसारिक ज़िम्मेदारियों से अवकाश पाते ही, अन्दर सॉंसें लेता कवि सक्रिय हो गया और उनकी लेखनी से फूलों की तरह कविताएं झरने लगीं। ऐसा सबके साथ नहीं हुआ करता, जिनके अन्दर किसी ख़ास प्रतिभा जैसे साहित्यकार, चित्रकार, गीतकार, आदि के बीज जन्मजात होते हैं फिर भी वह लम्बे समय तक उनसे अंजान रहता हैं, लेकिन उम्र के ख़ास मोड़ पर आकर उसे पता चलता है कि वह "रचनात्मक" भी बहुत कुछ कर सकता है, तब वह उस बीज के पल्लवन में लगकर, निरन्तर आगे बढ़ता जाता है। ऐसा ही आजीवन टेक्निकल रहे नवनीत के साथ घटा और वे टेक्नोलॉजी के क्षेत्र से निकलकर कोमल कविता के सृजनात्मक क्षेत्र में आ गए। मेरी दुआ और शुभकामना है कि उनकी लेखनी सदा सक्रिय रहे और वे कविता प्रेमियों को अपनी बेहतरीन कविताओं से साहित्य के नौ रसों का पान कराते रहें।

डा. दीप्ति गुप्ता
(पूर्व प्रोफेसर एवं शिक्षा सलाहकार, मानव संसाधन विकास मंत्रालय, नई दिल्ली)
पुणे – 411006
मोबाइल :098906 33582 Email: drdeepti25@yahoo.co.in

दो शब्द

जिसने कभी कविता की दो पंक्तियां भी ना लिखी हों, उसके दो साल में दो कविता संग्रह प्रकाशित हो जाएं, वो भी सेवा निवृत्ति के बाद, बहुत अनोखा सा सुखद एवं आश्चर्यचकित संयोग है। एक बार मेरे प्रकृति प्रेम ने मुझे अनायास कुछ पंक्तियां लिखने के लिए प्रेरित किया। प्रकृति पर लिखी प्रथम कविता "फिर बसंत ऋतु आई है" फेसबुक पर बहुत से मित्रों की प्रशंसा की पात्र बनी। बस, फिर शनैःशनैः कुछ लिखने का क्रम चलता रहा। एक वर्ष में ही भिन्न—भिन्न विषयों पर चालीस से अधिक कविताएं हो गईं।

मेरे इंटर कॉलेज के दिनों के आदरणीय गुरु जी, श्री वी. पी. गुप्ता, जो एक वरिष्ठ शिक्षाविद एवं साहित्यकार हैं, ने मेरा मार्गदर्शन किया और मुझे कविता लेखन की प्रारंभिक बारीकियां समझायीं। उन्होंने मेरी प्रथम पुस्तक **"बासंती पल"**, (कविता संग्रह) में मेरे लिए पुस्तक की बहुत ही सार्थक, सुंदर प्रस्तावना लिखी। गुरु जी का मैं सदैव ऋणी रहूंगा; गुरु के ऋण से तो वैसे भी किसी भी जन्म में ऋणमुक्त नही हुआ जा सकता।

मेरे स्कूल के बचपन के सहपाठी, डॉ. जसवीर सिंह जो ICAR, पूसा इंस्टीट्यूट, दिल्ली से साइंटिस्ट बतौर सेवा निवृत हैं और स्वयं बहुत अच्छे कवि हैं, ने भी मुझे समय समय पर मेरी त्रुटियों से अवगत करा कर कविता लेखन में मेरा हौसला बढ़ाया।

मैं अपने प्रिय मित्र, श्री मनु मिनोचा का, जो एक सफल प्रिंटर हैं और मेरे साथ 35 वर्षों से जुड़े हैं, बहुत आभारी हूं, जिन्होंने मेरी सारी कविताओं को बहुत परिश्रम से संकलित कर मेरे दोनो कविता संग्रह की पांडुलिपि तैयार की और अपने प्रकाशन गृह Zed Prints के माध्यम से आप तक पहुंचने का सफल प्रयास किया।

इस पुस्तक, **"केसर के फूल"** की इतनी सुंदर और सटीक भूमिका लिखने के लिए मैं पूना, महाराष्ट्र की प्रतिष्ठित लेखिका एवं पूर्व प्रोफैसर, डा. दीप्ति गुप्ता, का विशेष रूप से आभारी हूं। डा. दीप्ति गुप्ता, क्रमश : रुहेलखंड विश्वविद्यालय, बरेली, जामिया मिल्लिया इस्लामिया, नई दिल्ली और पुणे विश्वविद्यालय में अध्यापनरत रहीं हैं। डा. दीप्ति, मानव संसाधन विकास मंत्रालय के अतिरिक्त शिक्षा सलाहकार के रूप में भी अपनी सेवाएं दे चुकी हैं। उनकी रचनाएं भारत के २५ राज्यों एवं भारत के बाहर दुबई, आबू धाबी, गिलान, शारजा के स्कूलों में तथा पुणे विश्वविद्यालय के ८११ महाविद्यालयों के हिंदी के पाठ्यक्रम में शामिल हैं। वर्ष २०२१ के Great

Global Woman सम्मान से विभूषित डा दीप्ति को उनके उत्कृष्ट लेखन के लिए, २० से अधिक राष्ट्रीय एवं अंतर्राष्ट्रीय सम्मानों से नवाजा जा चुका है। शब्दों की सीमितता के कारण अभी भी उनके हिंदी साहित्य में योगदान का मैं पूर्ण रूप से यहां उल्लेख नहीं कर पाया हूं। मैं सौभाग्यशाली हूं कि इतनी व्यस्तता के बाद भी उन्होंने मेरी पुस्तक की प्रस्तावना लिखने की प्रार्थना को   सहर्ष स्वीकार कर लिया।

इन सभी आत्मीय जनों के स्नेहिल सहयोग एवं शुभकामनाओं से मैं काव्य सृजन के प्रथम सोपान से द्वितीय सोपान पर आ गया हूं। मेरी खुशी इन आत्मीय शुभ चिंतकों की वजह से सातवें आसमान पर होनी स्वाभाविक है। मैं हृदयतल से उपरोक्त सभी का और पाठकों का आभारी हूं। आशा है की भविष्य में भी मुझे इन सबका स्नेह और आशीर्वाद मिलता रहेगा।

पालम विहार
गुड़गांव (हरियाणा)
मोबा० 9958258800

नवनीत कुमार

भाग–1

प्राकृतिक एवं सांस्कृतिक सौंदर्य

होली दिवाली
एक संग आ गए हैं ....

कहां लड़ते लड़ते ये जंग आ गए हैं
पवन वेग उड़ कर बजरंग आ गए हैं

परिश्रम किये जो, वो काम आ गए हैं
अपनी अयोध्या में,   राम आ गए हैं

छाया अबीर, तट जलते दिए हैं
सरोबार भक्तों में,   राम प्रिये हैं

भगवा अयोध्या में रंग आ गए हैं
होली, दिवाली एकसंग आ गए हैं।

भारत वर्ष के माह एवम ऋतुएं

चैत्र माह आगमन पूजन हो नवरात्र
      ग्रीष्म ऋतु, नव वर्ष आरंभ हो जाएंगे।
बैसाख फसल पके, खेत खेत सोना उगले
      बैसाखी पर्व आए, भंगड़ा सब पाएंगे।

ज्येष्ठ की तीक्ष्ण धूप, भानू जी तमतमाएं
      शीतल जल, पेय द्रव ठंडक पहुंचाएंगे।
आषाढ़, अंबर से वर्षा के मोती झरें
      धरती पे मिट्टी की सौंधी सुगंध लाएंगे।

सावन में, रिमझिम अमृत है वर्षा जल
      मक्की के दानों में रस भर जाएंगे।
भादों में, भास्कर तपिश प्रबल लिए
      कृषक की देह को तर कर जाएंगे।

अश्विन की भीनी पवन चले बहकी सी
      घास के तिनको पर मोती इठलाएंगे।
कार्तिक के दिन कुछ घटते से छोटे हैं
      घर घर में उत्सव की महक बढ़ाएंगे।

मार्गशीष दिनभर की धूप लगे चांदी सी
जन जीवन छत पर बिछौना बिछाएंगे।
पौष माह सर्दी में तन बदन कांपे है
रेवड़ी, मूंगफली जेबों में पाएंगे।

माघ माह सर्दी से कुछ जान बचती है
हरिद्वार जाएंगे, गंगा नहाएंगे।
फाल्गुन की होली का मतवाला मौसम है
ठंडाई, भंग पिएं, गुजिया उड़ाएंगे।।

पौष की सर्दी...

कटीली हवाओं के दिन आ गए हैं
कोहरे में सूरज के बिन आ गए हैं

गुलाबी सी ठंडक, बरफ बन गई है
कम्बल लड़ाई, हर तरफ ठन गई है

ओस यूं झरती, ज्यूं वर्षा का पानी
खिड़की से झांको तो, कोहरा–कहानी

धुआँ मुँह से निकले, बिना हुक्का पानी
टॉयलेट में घुसते ही, याद आए नानी

बिन सुख, दुःख के ही आँख छलकती
बारिश में छप्पर सी, नाक टपकती

ना कोट ना मफलर, ना कम्बल रज़ाई
चैन वहां मिलता, जहां अग्नि जलाई।।

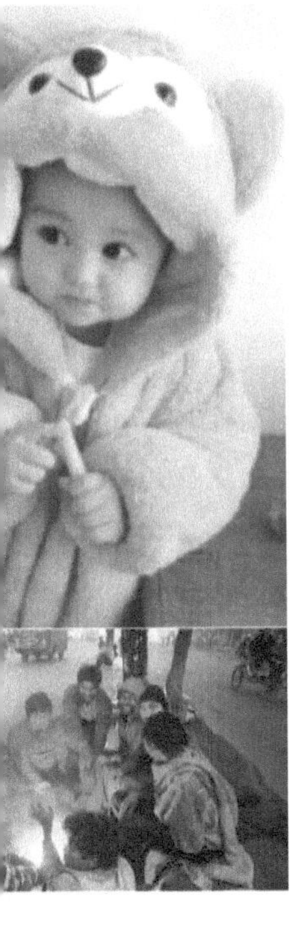

सावन की पहली बरसात....

सावन की पहली, बारिश के खेल
   भीगी सी पटरी पर, चलती वो रेल
अंबर से गिरते, मोती वो सच्चे
   पोखर मे कूदते, मेढक के बच्चे।

बिजली के खंबों पर, भुनते हैं भुनगे
   जीने को जीवन, मौत को चुनते
जल भरे खेतो मे, धान रोपाई
   कृषक के उर मे, आस जगाई।

बारिश मे भीगते, बच्चों का रेला
   दुनिया मे इससे, अच्छा ना खेला
आम के बागों मे, दौड़े से जाएं
   उफनती नाली मे, नाव चालाएं।

सावन की पहली, बारिश जब आये
   हर जीव आनंद से, खिल–खिल जाए
कोई भी व्यंजन, इतना ना भाए
   भुट्टा, भजिया, चाट, चटनी और चाए।।

घटा यूँ मटक गई

घनघोर घिरी घटा, धरती धमक गई
　　विद्युत–दंडिका, नभ मे दमक गई
दिवाकर की दहलीज, कंबल सरक आया
　　दोपहर की धूप मे, संध्या लटक गई
कजरारी कारी सी, घटा यूँ मटक गई।

मोर पंख मखमली, सतरंगी संग लिए
　　श्वेत बगुल बागों मे, भोजन तरंग लिए
कोकिल की कूक ने, मधुर–तान तान दिये
　　मधुर ध्वनि बैल–घंटी, कर्ण मे भटक गई
कजरारी कारी सी, घटा यूँ मटक गई।

सावन की सरगम, रिमझिम की झर झर
　　धरती धरोहर पर, जीवन संचार कर
घुमड़–घुमड़ घन बरसे, मौसम मदमस्त आया
　　कृषक की आह भी, आस मे अटक गई
कजरारी कारी सी, घटा यूँ मटक गई।

सावन का पानी है...

झर झर सा झरने से, झरता क्यों पानी है
टप टप सा टपके जल, क्या ये कहानी है।

कजरारी कारी सी कोयल, क्यों कूक गई
छन छन छनकती सी, छाती क्यों हूक गई।

यौवन को छूकर, यूँ धीमे से आई है
बहकी सी चलती वो, ठंडी पुरवाई है।

मौसम मे छाई ये, कैसी रवानी है
मदिरा सा टपके वो, सावन का पानी है।।

भंगड़ा पाओ आज...

ढोल, नगाड़े गली–गाँव, खुशियों की सौगात,
नाच उठे मतवाला मन, पंछी हो या पात,
खून–पसीना लुटा दिया, निंदिया रैन समेत,
धन्य हो गई धरती ये, सोना बिखरा खेत,
जन–जन मे रोमांच भरा, बैसाखी आगाज,
जीवन यूँ खुशहाल हुआ, भंगड़ा पाओ आज।।

बसंत बयार चली

पिचकारी, गुब्बारों की   बचपन है ढाल लिए,
यौवन भी हाथों मे   चंदन, गुलाल लिए,
सतरंगा अंबर है   अबीर गुलाल से,
मदमस्त होली मे रंग–बौछार चली,
गुनगुनी, शीतल सी   बसंत बयार चली।।

भादों की तीक्ष्ण धूप

भादों की तीक्ष्ण धूप, अब क्षीण हो चली है
        झरने लगें है घास पर, फूल हरसिंगार के
मखमली घास पर, चादर सी बिछ चली है
        सुगंध रजनीगंधा, गुलाब सज सँवार के
पत्तों पे जल के मोती, इठला के झूला झूलें
        श्वेत वर्ण बगुले, नीले गगन को छू लें
मिष्टि दही मे मिश्री, मकरंद सी घुल चली है
        अश्विन लिए शीतल पवन, लाई है दिन बहार के।।

धूप

पत्तों में छुपती निकलती सी धूप
        ना जाने क्यों रास आने लगी है

धीमे से छू कर बहती पवन
        तन मन में सिहरन जगाने लगी है

कैसी ये अश्विन की मोहक सुगंध
        मादक सा मकरंद बहाने लगी है

अल्हड़ सी छेड़े ये मौसम की मस्ती
        न जाने क्यों मन को लुभाने लगी है।।

पितृपक्ष, श्राद्धपर्व...

दादा दादी, नाना नानी, पापा मम्मी, भाई बहन
    सारे जब परिवार में होते, लगते सब अनमोल रतन।
यूं लगता है कभी न बिछड़े, ऐसे ही सब साथ रहें
    किंतु मृत्यु कभी न छोड़े, कैसे भी हालात रहें।

छूट जाए जो देह ये नश्वर, बोल ना पाएं बोल
    चैन ना पाए मरकर भी, रूह, आत्मा, सोल।
परिजन आस लगाए बैठें, किसी रूप मिल जाएं
    ना कर पाए इच्छा पूरी, वो अब हम कर पाएं।

सभी जीव जंतु में बसती, जान तो एक समान
    सभी बिछड़कर विचलित होते, अपनी यूं संतान।
किंतु मनुष्य योनि जग में, सबसे श्रेष्ठ महान
    दिव्य आत्मा तक पहुंचाए, उसका प्रिय समान।

हिंदू धर्म सनातन जग में, सब उपक्रम की शक्ति
    पूर्वजनो से मेल करा दे, परिजनों की भक्ति।
भोजन, कपड़ा, प्रिय वस्तुएं, ब्राह्मण, कौआ पाएं
    परलोक हों प्रसन्न पूर्वज, मुक्त सदा हो जाएं।।

उत्सवी सौरभ....

नौ दिन नवरात्र देवी का पूजन
भक्ति की वीणा बजाने लगा है।

'डांडिया ध्वनि' का मोहक संगीत
पांव की थिरकन बढ़ाने लगा है।

चादर वो ओढ़े रामलीला के दर्शन
'रामायण' का मंचन लुभाने लगा है।

दसों दिशाओं में 'उत्सवी सौरभ'
जन जन को उन्मत्त बनाने लगा है।

22

बसंत बयार चली

झूम रहे तरुवर यूँ मस्त मतंग रुप लिए
    मिहिका–जलबिन्दु सब निर्मल स्वरूप लिए
निखर गया उपवन क्यों इन्द्रधनुषी रंगों से
    केसरिया पीत रंग धरा पर उतार चली
चितचोर चंचला सी बसंत बयार चली।।

वनस्पती धरती पर यौवना सी चाल लिए
    हिरनी भी सघन–वन ऊँची कुलाल लिए
प्राण–जगत खिल उठा बहती तरगों से
    धरती पर ऊर्जा का कर संचार चली
मनमोहक मादक सी बसंत बयार चली।।

धूम मचाएंगे...

बारिश मे घूमेंगे, मस्ती मे झूमेंगे
बागों मे दौड़ेंगे, अमियों को चूमेंगे।

    सड़कों पर छप छप सी चप्पल छपकाएंगे
    कागज की किश्ती की दौड़ लगाएंगे

आ जाओ बाल–सखा धूम मचाएंगे।।

'दशहरा' पर विशेष
शत्रु का 'सम्मान' एवम 'वध'....

अतुल्य संस्कृति व्याप्त जहां   कौतूहल भंडार
मदमुकुलित संपदा विस्मित सब संसार

मित्र परिचित संबंधी पाते ही सम्मान
'शत्रु' भी पुजता यहां भारत देश महान।

'विद्वता' तो रावण की भी घर घर पूजी जाए
गोबर निर्मित 'लंकेश' शुभ पीले फूल सुहाए

कैसा भी हो 'आचरण' कैसा भी हो काम
'ज्ञानवान' का इस जग में होता है सम्मान।

शस्त्र, शास्त्र, शत्रु पूजा कैसा विचित्र विधान
खील, बताशे, खांड–खिलौने नौ दिन जन्मा धान

नवबहीखाता, नवपंचांग या फिर नवपरिधान
पूजा तब सम्पूर्ण समर्पित बहन 'संवारे' कान।

संध्या पूर्व दशहरा मेला बचपन स्वप्न सजाए
खेल–खिलौने, गाड़ी झूला गरम जलेबी खाए

लक्ष्मण, राम बने सब बच्चे पकड़े तीर कमान
अतिशबाजी धूम–धड़ाका सबकी बसती जान।

धू धू कर जल उठा 'अहम' गिरा धरा 'लंकेश'
दसशीश, शिवभक्त बली ना बची निशानी शेष

कितना भी शक्तिशाली कैसा भी हो ज्ञान
सब गुण भए 'अर्थहीन' धराशायी 'अभिमान'।।

सर्दियों के चटकारे

सर्दी आई लेकर भोजन, डेली विविध प्रकार
इस मौसम में छा जाती है सब्ज़ी की भरमार।
    आलू गोभी मूली परांठा, साथ में आम अचार
    मक्खन ऊपर भरकर डालो, फिर देखो बहार।

अरहर दाल का स्वाद बढ़ाए, घी, बाजरा–रोटी
सरसों–साग मक्की की रोटी, गुड़ की ढेली छोटी।
    उड़द दाल की खिचड़ी, ऊपर देसी घी दे डार
    पापड़ छाछ मूली का लच्छा, खट्टे–मीठा अचार।

दही छाछ धनिए की चटनी, ताहरी, वेज पुलाव
घरवाले सब शौक से खाएं, सभी दिखाएं चाव।
    जीवन, मृत्यु, विवाह, यात्रा, या कोई भंडारा
    आलू–पूरी, बूंदी–रायता, हर अवसर सहारा।

शहर–शहर, गली–गली, में, इसके मिले चटूरे
प्लेट चाटकर चट कर जाएं, फेमस छोले–भटूरे।
    किस्म किस्म के इस मौसम में मिलते ढेर अचार
    गाजर, मूली, शलगम, गोभी, जल्दी भर लो जार।।

प्राकृतिक आपदाएं

प्राकृतिक आपदाएं
    स्वयं आएं या हम बुलाएं,
काश! ये सरल सी पहेली
    समय रहते हम समझ जाएं।

हिम–आच्छादित बंगले
    समुद्र–तट अट्टालिकाएँ
नदी–किनारे बस्ती
    या जंगल मे घर बसाएं।

दोहन करते करते
    जब भी ''अति' हो जाए
न्युटन का ''नियम तीसरा''
    फिर प्रकृति ही लगाए
हमारी सभी क्रियाओं की
    समान, विपरीत प्रतिक्रियाएं
एक–एक कर जीवन में सब सामने आएं।।

गाँव की शादी....

बैठे–बैठे याद आ गई शादी एक पुरानी,
  साठ साल मे बदल गई सब, जीवन की कहानी,
हफ्तों पहले छा जाता, घर भर मे कोलाहल,
  मेरठ वाले मौसा आ गये, फूफा पड़े निकल ।

रिश्तेदार समय से पहुंचें, ड्यूटी कर लें पक्की,
  कौन तकेगा हलवाई को, कौन पीस ले चक्की,
जनवासे को कौन सजाये, बच्चा पलटन आगे,
  पतंग के कागज नीले पीले, सुतली, लेई, धागे।

गली–गली से, गाँव–गाँव से, मदद मिले बिन बाट,
  बच्चे दौड़ लगाएं रखकर, सर पर बिस्तर खाट,
जनवासे पर स्वागत पाए, हारी थकी बरात,
  नाई, धोबी, चम्पीवाला, सबकी लगी जमात।

घर–घर से आ जाए मठ्ठा, बन जाए ''सन्नाटा',
  शादी वाला घर भर जाए, कम पड़े ना आटा,
पत्तल बिछी है, पंगत लगी है, गाँव बना है घराती,
  मिट्टी प्लेट पतंगी कागज, लडडू, बर्फी भाती ।

प्रेमभाव और भाईचारा, कभी बुझे ना ज्योत,
  पूरा गाँव निमंत्रण पाए, घर–घर ''चूल्हा न्योत''

सन्नाटा = जीरा, हींग, लाल मिर्च का बूंदी वाला खट्टा रायेता
चूल्हा–न्योत = पूरे परिवार को भोजन का निमंत्रण

ये भारत की बस खुदाई है.....

आज जमघट है घर—रसोई मे,
　　फिर गुझियों की सुगंध आई है।

परंपरा जो लुप्त हुई धीमे से,
　　सबने मिलकर अलख जगाई है।

अभी तो गुझिये कढ़ाई से निकली हैं,
　　सेल, मठरी की बारी अब आई है।

शक्करपारे हैं लाइन मे कब से,
　　आज दिनभर की ये कमाई है।

गोलगप्पे, चाट—पापड़ी भी आयेंगे,
　　दो दिन की बस बेकरारी है।

कहाँ जायेंगे भांग के कुल्हड़?
　　मटकी मे सब तैयारी है।

बस आज है पड़ोसी महिला—मंडल,
　　कल कहीं और की बुकिंग आई है।

दुनिया मे न मिले दर्शन ऐसा
　　ये भारत की बस खुदाई है।।

रंग की एकादशी पर,
कुछ पुरानी "हुड़दंगी" होली...

कुछ वर्षों पूर्व, कस्बों शहरों मे होली का त्योहार, रंग की एकादशी से आरंभ हो जाता था। गली—मुहल्लों के होनहार बच्चे गैंग बनाकर गली के नुक्कड़ पर अड्डा जमा लेते और आने जाने वालों से होली का चंदा वसूल करते। चंदा ना देने पर, कपड़ों पर रंग डालने का भय दिखाते। हाथ—गाड़ी पर घर—घर से लकड़ी और उपले एकत्रित किये जाते जिन्हे चौराहे पर होलिका बना कर रखा जाता। घर की छतों पर चाँद—बुर्कलों की माला बनती, जो होलिका पर रखी जाती। हर मोहल्ले मे होड लगती की किसकी होलिका सबसे ऊँची है। इसी चक्कर मे कभी—कभी होली के हुड़दंगी किसी का लकड़ी का नया पुराना समान भी होलिका पर रख आते।

इसी संदर्भ मे कुछ पंक्तियाँ :

रंग की एकादशी पर रंगों की रौनक,
    होली के चंदे का श्रीगणेश भायो।
पैदल हो, साइकिल हो, रिक्शा सवारी हो,
    "हुड़दंगी" चेकपोस्ट पे चंदा दे जायो

घर घर से लकड़ी और उपले का चंदा,
    किस्मत हो अच्छी तो "पैसे मिल जायो।
चंदे को "ना" मतलब जुर्माना भारी,
    दुपहरी मे लाला ने खटिया गवायों।

सबसे ऊँची होलिका उदेश्य सबका,
    सारे शहर का चक्कर लगायो।
ऊँची से ऊँची के चक्कर के चक्कर मे,
    दर्वज्जा, चौखट ते खिड़की उड़ायो।

होली पे पंगा ना लेना हुड़दंगियों से,
    नुस्खा पुराना ये दिये हैं समझायो।
"पूजन" को होलिका जब जाओगे संध्या मे,
    अपनी ही खटिया होलिका पे पायो।।

शिवजी की बारात....

तिथि कृष्ण पक्ष चतुर्दशी, माह फाल्गुनी मास,
　　निकल पड़े भोले बाबा, संगी सब गण खास।
त्रिनेत्र मस्तक सोहे, सिर मे गंगा वास,
　　सर्प जनेऊ, नील कंठ, नर मुंड माला त्रास।
एक हाथ त्रिशूल धरे, दूजे डमरू गैल,
　　वर भोले धर विचित्र रूप, हुए सवारी बैल।

जैसा वर था बाराती भी, एक से बढ़कर एक,
　　भयभीत त्रिलोक भयो, बेरंग रूप अनेक,
कोई एक हाथ कोई एक पैर, कोई राक्षस भूत पिशाच,
　　कोई रक्त लिप्त, कर कपाल, कोई मुख से उगले आँच।
कुत्ते, गदहे, सुअर, सियार, सब जंगल जीव जमात,
　　नृत्य, गान, कौतुक करती, चली भोले की बारात।

ब्रम्हा, विष्णु, सभी देवगण, पहुंचे बन बाराती,
　　किंतु देख बारात बेढंगी, अलग हुए सब साथी।
पिता हिमांचल, माँ मैना, आये संग परिवार,
　　अगवानी बारात की करने, खड़े द्वार तैयार,
ब्रम्हा, विष्णु समस्त देवगण, पायो सब सत्कार,
　　ज्यों पहुंची बारात विचित्र, चहुँ ओर चित्कार।
देख भयंकर बाराती, भागे हाथी, नर, नार,
　　रुका वहाँ था अब कोई ना, कौन करे जयकार।

रुदन ना रोके, रोका जाए, शक्ति माता मैना,
    ये बारात है शक्ति की, या यमराज की सैना,
वर पागल, जटाधारी, नर मुंड माला गहना,
    देह राख लिप्त, सर्प जनेऊ, बैल सवारी ठैना।
कैसो भाग लिखो शक्ति को, मिले ना मन को चैना,
    इस मूरख नर वनधारी संग, कैसे होगा रहना।

पिता हिमांचल, माता मैना, सब कोसें नारद,
    शक्ति की मति फेर दियो, ये कैसे कर कारद।
क्या उपदेश दियो शक्ति को, शिव की माला जपती,
    पाने को शिव रूप पति को, घोर तपस्या करती।
नारद शिव–गुणगान कियो जब, शिवजी हुए महान,
    प्रसन्न हुए यों मात पिता, तब कीजो कन्यदान।।

चांदनी-हरसिंगार

चांदनी–हरसिंगार
धीमे से छुपती,
    कलियां–गुलदाऊदी
    यौवन को झुकतीं।।
बेला की बेलें
पत्तों को तजतीं
    ओस की बूंदें
    तृणों पे सजतीं।।
उषा की किरणों की
लाली   सुखर्बाबी
    ऋतु अलबेली ये
    ठंडक   गुलाबी।।

भाग–2

व्यंग्यात्मक

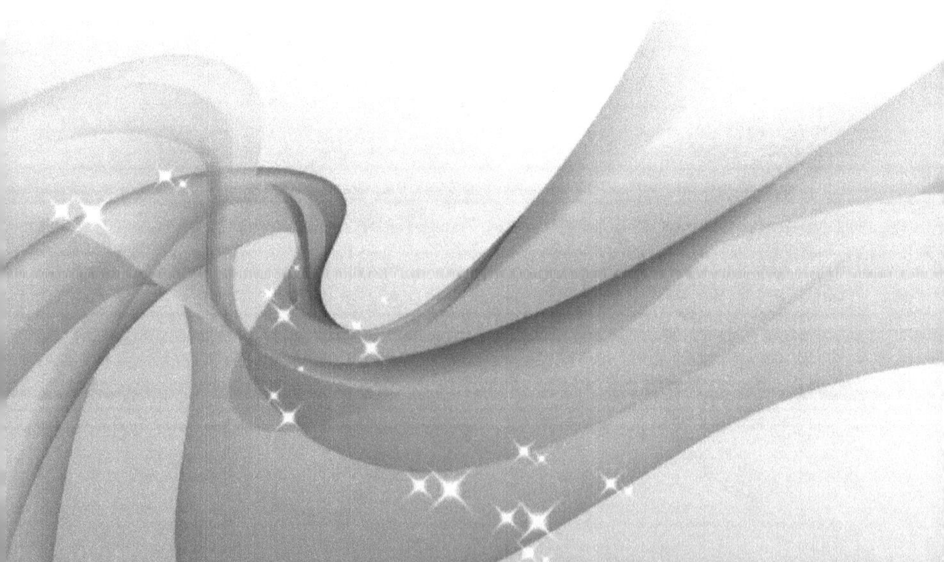

हम जायेंगे इटली.....

शादी–ब्याह का सीज़न आया, हमे दिखाने ''साख''
चार माह में शादी होंगी, देश में अड़तीस लाख।

गोवा, राजस्थान, विदेश, या फिर 'हिल–स्टेशन'
खर्चे की कोई बात नही बस, चाहिए 'डेस्टिनेशन'।

शादी भी हो जायेगी, पहले 'प्री–वैडिंग' शूट
जल्दबाजी में कोई भी, ना जाए 'नौटंकी' छूट।

फूड–काउंटर, डेकोरेशन, सभी हों नंबर वन
देख अनोखी शान रंगीली, प्रसन्न हों सब जन।

रिश्तेदार, मित्र सर्किल में, जम जाए बस धाक
डेबिट, क्रेडिट कार्ड लगा दो, कट ना जाए नाक।

लाइव, डीजे फुल–वॉल्यूम, बात समझ न आए
'लिप–मोशन' समझकर ही बस, गर्दन दे हिलाए।

साढ़े बारह बजे रात के, दुल्हन, बराती गायब
शहर तो सारा 'जीम' गया, कैसा खेल अजायब।

शादी ऐसी, याद करे, जनरेशन अगली पिछली
हनीमून वो 'गोवा' जाएं, हम जायेंगे 'इटली'।।

नए दिन हैं आ गए ....

गरीबी मिटाने आए थे, गरीबी बढ़ गई
जितनी मिली ग्रांट, मिलजुल के खा गए।

घोटाला–लिप्त पार्टी पे, ई.डी. चढ़ गई
आधी भरीं हैं जेल में, क्या दिन ये आ गए।

बड़े–बड़े नेताओं की, पहचान घट गई
दुनिया में एकछत्र, पी.एम. जी छा गए।

जब जीत दिखी मुश्किल, कठिनाई बढ़ गई
आपस में सारे दुश्मन, घुलमिल के आ गए।

बरसों पुरानी पार्टी भी, मात खा गई
नई सोच की ज़रूरत, नए दिन हैं आ गए।।

जलेबी बाई ....

गरम–गरम सी गोल–गोल, जब छन कर आई
रस टपके जब छलनी से, ले जीभ अंगड़ाई।

कोई उड़ाए रबड़ी से, कोई दूध, मलाई
युवा, बच्चे, बूढ़े सबको खूब है भाई।

गरम समोसा, गठिया, फाफड़ा, सब हैं संगी
'रानी' स्वाद बढ़ा दे सबका, रंग नारंगी।

विवाह शादी के स्टालों में रंग जमा दे
गरम डाल के प्लेट के ऊपर रबड़ी पा दे।

'दीवानी दुनिया' तकनीक समझ न पाई
अपने देश की 'रानी' गोल ''जलेबी बाई''।

रोक ना पाएं देख के इसके, मीठे तेवर
आंख बचाकर मुंह में भर लें, पेशेंट–शुगर।

चाट का राजा...

पांच कस्टमर घेर खड़े हैं, लिए हाथ में दोना
हरएक की बारी आती, गिनती कभी न खोना।

विवाह समारोह चाट–काउंटर, सबसे लंबी लाइन
तीस मिनट की वेटिंग चलती, खाने को सब डाइंग।

होली–चाट अधूरी सी, मन इसके बिना उचाट
दारु, भंग चढ़ा लो जितनी, यही है सबकी काट।

किसी को पानी खट्टा चाहे, किसी को मीठा चरना
कोई कहे तीखा कर दो, कोई आलू ठोक के भरना।

एक प्लेट से कहां भरे मन, एक तो और बनती
जितने मर्जी खा लो चाहे, क्या करनी है गिनती।

ये रुतबा है ''चाट का राजा'', मिलता चप्पे चप्पे
कहीं पे ये 'पानीपूरी' तो, कहीं पे गोलगप्पे।

देख काउंटर पानीपूरी, लड़कियां टूट के भागें
फिर तो कुछ दिखलाई ना दे, बॉयफ्रेंड को त्यागें।।

चुनाव की रेवड़ियां....

आए चुनाव देश में
जनता जी की मौज आ गई
मुफ्त खिलाने रेवड़ी
नेता जी की फौज आ गई।

आटा, राशन फ्री मिलेगा
बनवा लो बी.पी.एल. कार्ड
दिल्ली भी पेरिस बन जाए
काम नही कोई भी हार्ड।

दाम घट गए गैस पर
सस्ता एक सिलेंडर ले लो
एक के साथ फ्री मिलेगी
जल्दी एक ब्लेंडर ले लो।

बिजली, पानी मुफ्त मिलेगा
कर्ज माफ होगा सरकार
इनकम टैक्स हैं देने वाले
बहुत से पागल मेरे यार।।

तभी प्राण बच पाएं....

'लालाजी' हरफन मौला रहते हरदम मस्त
भोजन करते संतुलित ना जीवन से त्रस्त
नित करते योगा, व्यायाम रहन–सहन है सादा
सौ वर्ष तक जिएं निरोगी पत्नी को दें वादा।

ना जाने क्यों एक दिन हाल हुआ बेहाल
आधे घंटे से पहले पकड़ा अस्पताल
सारे टेस्ट करा डाले डॉक्टर समझ न पाए
क्या थी इनकी दिनचर्या क्या इन्होंने खाए।

पत्नी बोली ये तो एकदम ''पत्नी–व्रता इंसान''
''करवा चौथ'' का व्रत रखा है मेरे तो भगवान
कुछ न खाया सुबह से अब हो गई शाम
मैं भी दिनभर व्यस्त रही घर का इतना काम।

डॉक्टर बोला घर ले जाएं, व्रत से रखें दूरी
ग्लूकोज हम डाल दिए हैं बस थोड़ी कमजोरी
घर पहुंच कर लालाजी ज्यों ही होश में आए
पत्नी बोली ''भोजन'' लो तभी प्राण बच पाएं।।

उपवास में अन्न का ''विकल्प''

ज्यूँ ''उपवास'' का 'सीजन' आया   लालाजी की मौज
नए पकवान, नए रुझान,   चाट की दिखती फौज

रेस्टोरेंट 'व्रत–थाल' सजाएं भीड़ है रेलम पेल
नौ दिन के व्रत में हो जाए, एक माह की 'सेल'

उपवास का अर्थ समझते, 'अन्न' नही बस खाना
दिनभर 'गाय–जुगाली' चलती, है ''विकल्प'' बहाना

कचरी, पापड़, चाट, मिठाई, सभी 'अलाउड' व्रत में
बस ''विकल्प'' में बना हुआ हो, नही चाहिए 'अन्न' में

जो सब्जी एक आंख न भाए, किसी रूप में खाएं
लौकी, अरवी, कद्दू, केला, नित नए रूप सुहाएं

साबुत दाना, खीर मखाना, कभी–कभी के स्वाद
कुट्टू, सिंघाड़ा, मूंगफली दाना, कौन करे था याद

नौ दिन 'नॉनवेज' नही चलेगा, बंद हो गई शराब
सोडा–ड्रिंक्स तो चल जाते हैं, विद 'अरवी कबाब'

सिगरेट–धुएं में कहां बसा है, जरा बताओ 'अन्न'
पैकेट खोलो 'दम' मार लो, जब भी चाहे मन।।

मिठाइयों की जंग....

लड्डू, पेड़ा, बर्फी, हलवा, रबड़ी, कालाजाम
    कौन मिठाई सबसे अच्छी, छिड़ गया ये संग्राम।
देख मिठाई-दंगल, कूदी हर 'परदेस' मिठाई
    छैना मुरकी, रसकदम, हलवा, रसमलाई।

आम्रखंड, मोदक-लड्डू, मुंबई से दौड़े आए
    थाबकली, केली चना, ओडीशा ना जाएं।
श्रीखंड, घुंघरा, बासुन्दी, सूजी-पीठा-काकरा
    पेठा क्यों पीछे रह जाए, छोड़ के आया आगरा।

दंगल मे तब शोर मच गया, शुरू हुआ हो हल्ला
    भरी भीड़ मे जा पहुंचा, गोरा सा रसगुल्ला।
गरम जलेबी ''सुपर हॉट'' मै, मना करें ना आप
    एक शेप की बना ना पाए, हलवाई का बाप।

भीड़ इकठ्ठी जुड़ती जाए, रुक रुक जाएं राही
    शाह-सवारी लेकर पहुंची, रानी बालूशाही।
शर्माती सी, सकुचाती, कुछ कुछ मन मे डरती
    कितने ही बल बदन लपेटे, पहुँच गई इमरती।

देख परस्पर स्वीट लड़ाई, एक मिठाई आई
    किस बात का झगड़ा है ये, क्यों लड़ते हो भाई।
मुझे देख लो भारत मे, कब से प्रचलित है नाम
    बच्चे पास परीक्षा हों, या नई नौकरी, काम।

जीत चुनाव पार्टी आए, या हो लगन-सगाई
    हर उत्सव, शुभ-अवसर पर, मेरी ही सुनवाई।
सबसे ज्यादा बिक्री मेरी, सबसे सस्ता दाम
    आप सभी के बीच मे रहता, ''लड्डू'' मेरा नाम।।

चाट के चटुरे...

चाय हलक–गले ना उतरे, गली नुक्कड़ की शान
    मोस्ट फेमस इंडियन स्नेक्स, सबकी बसती जान
यार–दोस्त, मेहमान जो टपकें, या फिर फूफा, मौसा
    मेजबान को इज्जत बख्शे, रेडी मिले समोसा ।

आलू–टिक्की, दही–पापड़ी, या फिर आलू–चाट
    मुँह मे पानी ले आए, पर शीघ्र लगा दे वाट
अलग नाम से मिल जायेंगे, शहर गली के चप्पे
    पानी पूरी, पानी बताशे, पुचके, गोल गप्पे।

बरसात मे स्नेक्स कुछ, अलग चाहिए खास
    जीभ अलग से व्यंज्जन खोजे, अलग लगाए आस
आलू प्याज की भजिया तल दो, किसी को ब्रैड–पकोड़ा
    कोई बेसन–चीला खोजे, कोई अरबी–पात पतोड़ा।

नान अमृतसरी तंदूरी, कुलचे मटर पतीले
    तह लगा दे भोजन की, जो लस्सी उपर पी ले
घर का भोजन हजम ना होए, जन्म–जात चटूरे
    घर की मुर्गी दाल लगे, मिल जाएं छोले भटूरे।

देख चटपटे इंडियन स्नेक्स, रुक ना पाएँ ''सैलानी''
    बॉब, सी सी करते जाएं, याद आ गई गानी
आग लग गई पेट मे, समझ ना आए कहानी
    टॉयलेट पेपर काम ना आए, आग बुझाए पानी।।

नेताजी के वादे...

बेरोजगारी, चाहे गरीबी, कैसी भी परेशानी,
एक बार बस वोट दिला दो, कर दूँ ख़तम कहानी।
मर जाऊंगा, मिट जाऊंगा, जान तो आनी जानी,
घर–घर मे मै भिजवा दूँगा, मुफ्त मे बिजली, पानी।

शिक्षा–नीति सरल करूँगा, शिक्षित होंगे ज्यादा,
BA डिग्री पहले होगी, मैट्रिक बाद मे, वादा।
"विकासशील" देश आपका, "विकसित" करवा दूँगा,
लंदन, पेरिस, सिंगापुर, दिल्ली मे दिखला दूँगा।

देश बनेगा दुनिया मे अब, अपनी एक मिसाल
गाँव–गाँव की सड़के होंगी, हेमा जी के गाल।
पांच साल तक नेताजी ने, छक् कर खाई मलाई,
कौन विकास और कैसी जनता, कोई याद न आई।

जिस निष्ठा व ईमानदारी का, पीट रहे थे ढोल,
घोटाले जब आये सामने, खुल गई सारी पोल।
सगे–संबंधी, हाई कमान, नही दिखे कोई आड़,
नही बचाने आया कोई, पहुँच गए तिहाड़।।

चाची का जन्मदिन

चाची का है जन्मदिन, कब से इंतज़ार
कब आएंगे घर पर हम, सब हैं बेकरार
सब–जन पूछ रहे चाची से, ये दिन क्यों अनोखा
कितने सावन देखे अब तक, आंख खा रहीं धोखा।

त्वचा आपकी इतनी कोमल, 'उम्र' भी धोखा खाए
चाची अपनी कितनी सिंपल, 'संतूर' से बस नहाए
चाचा 'पैंसठ' चाची 'सोलह', उम्र कहां बतलाए
बच्चे पढ़–लिख बड़े हो गए, फिर भी यूं इतराए।

चाचा काम समेटे बाहर, चाची चक्की पीस
चतुर है चाचा, भोली चाची, नहीं "चार सौ बीस"
पटना से 'पट' कर आ जाए, जो चाचा के साथ
चाची अपनी आलिया भट्ट, चाचा अलोक नाथ।

हम आएं हैं देने, ले लो, भर भर आशीर्वाद
ईश्वर करे सब कामना पूरी, प्यार भरी फरियाद
जन्म दिवस हो उत्तम चाची जीवन चले अथक
अभी तो 'सोलह' पार हुई हो, पूरा करो 'शतक'।।

चलता जाए रोवर....

चंद्रमा की सतह पर उतर गया चंद्रयान
प्रेमी, शायर, गीतकार की बंद हो गई दुकान

कहाँ से लायेंगे अब उसकी सुंदरता की उपमा
चंद्रयान की फोटो से टूट गया सब सपना

बड़े बड़े 'क्रेटर' यहाँ ज्यूँ डिंपल हों फेस
पाऊडर लिपटा फेस या धूल भरी सरफेस

उपमा सारी खत्म हुई मैटर सारा ओवर
चंद्रमुखी के गाल पर चलता जाए 'रोवर'।।

यूँ ही झिलमिलाएंगे...

इलेक्शन–चुनाव मे, सतरंगी नेताजी
जनता की भीड़ को, ऐसे ललचाएंगे ,
पहली बरसात मे, बिजली के खंबों पर
रोशनी से आकर्षित, भुनगे भुनभुनाएंगे।

इलेक्शन के बाद से, गायब हैं नेताजी
भुने हुए भुनगे, सुबह मृत पड़े पाएंगे
'सी.एफ.एल' से, 'एल.ई.डी' हो गए नेताजी
वो तो सत्ता मे, यूँ ही झिलमिलाएंगे।।

जनरल डिब्बे में रेल यात्रा

फर्स्ट क्लास कूपा मिल जाए, सदा रहे ये सपना
जनरल डिब्बा रेल यात्रा, अलग मज़ा है चखना
पहले सीट महायुद्ध हो, फिर अपनापन झलकना
जनरल नॉलेज का भंडार "के बी सी" हो अपना।।

सस्ता साधन रेल यात्रा, जनता की पहचान
चुन्नू मुन्नू पिंकी अपना, बांध लिये सामान
पहुंच गए स्टेशन, पहले दो घंटे प्रस्थान
ठसाठस डिब्बे में भीड़, देख निकलती जान।।

पापा धक्का मार घुस गए,   अंदर ठेलम–ठेल
धक्का मार कुली खिड़की से, बच्चे दिए धकेल
ज्यों सामान की बारी आई, गाड़ी दिए विसेल
कुली ने छः नग चलती गाड़ी, अंदर दिए थे पेल।।

अंदर डिब्बे की है देखो, अपनी अलग ही दुनिया
तीन की सीट पे छे बैठें है, फंसी पड़ी है मुनिया
लाला पूरी सीट पे लेटे,   ऊपर चढ़े अटरिया
कोई लिए सत्तू की थैली, कोई लिए गागरिया

तिल रखने को जगह नहीं, गर्मी से बुरा है हाल
मनमौजी चादर बिछलाए, ताश की चलते चाल
दूजी ओर लगी है संसद, देश का बहुत ख्याल
कौन पार्टी जीत के आए, सबका यही सवाल।।

कुछ घंटों के सफर में देखो, अलग ही दुनिया बनती
जो अनजाने कुछ पल पहले, अब देखो क्या छनती
रिश्ते, फिल्में सब डिस्कस हों,   जय, वीरू, बसंती
ज्यूं कोई रेल का डिब्बा ना हो, आंगन खाट बिछंती।।

गाड़ी चलते–चलते दिनभर, पहुंच गई जब पटना
धीरे–धीरे सामने आई,   अलग–अलग सी घटना
किसी का बक्सा छूट गया, किसी की पॉकेट कटना
वीरू खुशी से हो जाए 'यमला', गई बसंती 'पट' ना।।

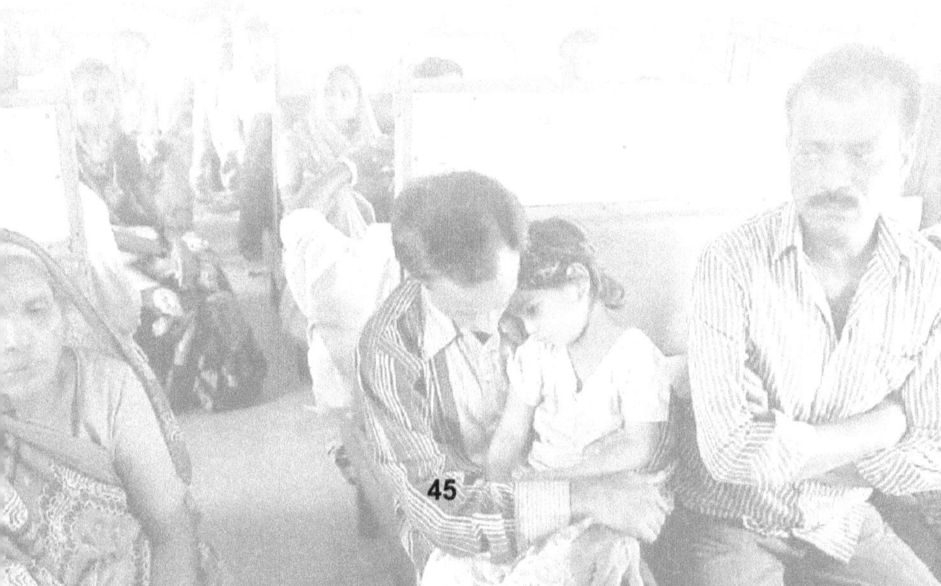

शुक्रवार का महत्व

संडे, मंडे, ट्यूजडे,   हर दिन लाता आस
शुक्रवार की बात ही, अलग दिखे कुछ खास।

हिंदू पूजें शुक्रवार यों,   लक्ष्मी जी का दिन
रमादान का 'अलविदा जुम्मा', दिन बीतें बस गिन।

'गुड फ्राइडे' याद करें सब, दुःख से भाई ईसाई
हरने को बस पाप सभी के,   ईसा क्रूसीफाई।

अफसर, बाबू नौकर चाहें, शुक्रवार ना ड्राईडे
सारे झूम उठें मस्ती में, "थैंक गॉड इट्स फ्राईडे" ।।

भाग-3
सामाजिक एवं अन्य

फिर पश्चाताप का मान नही...

'अपशब्द' मुखर हों बारंबार
तब क्षमा–याचना नाटक भर,
प्रतिपल 'अपमान' जो लक्षित हो
फिर वो 'सम्मान' का मान नही।

जो काट दिए कठिनाई पल
निर्जन, वीरान अकेले में
जब बीत गया हो कालांतर
फिर वो 'सहयोग' का मान नही।

जब हृदय–चीर संताप भरा
हो जाए हृदय जब खंड खंड
तब कितना भी दो उर उड़ेल
फिर वो 'स्नेह' का मान नही।

यदि जीना हो जीवन निश्छल
तो 'काल' 'मान' का ज्ञान करो
जीव्याह हर पल 'सौरभ सुरभित'
आजीवन 'स्नेह, सम्मान' करो ।

यदि छाप ''श्राप'' की पड़ ही गई
फिर 'पश्चाताप' का मान नही।।

नव वर्ष की दौड़ ....

क्या देकर है जा रहा, हमे पुराना साल !
नए साल की चाह में, क्यों होते बेहाल

उठा के गाड़ी दौड़ चले, शिमला नैनीताल
रात बिताई गाड़ी में, सड़क पे डेरा डाल

हिल–स्टेशन बंधे हुए, सीमित संसाधन
भेड़–चाल से झेल रहे, पीड़ा अति–दोहन

नव–वर्ष क्या पहुंचेगा,   हिल–स्टेशन पहले
कोई किसी से कम नहीं, सब नहले पे दहले

वापस आकर फिर होंगे,   सेलिब्रेशन चर्चे
क्रेडिट कार्ड, बैंक लोन, मैनेज हों सब खर्चे

जो गंवाया चांस अभी,   नया साल बेकार
लानत ऐसे नव–वर्ष को, जीवन पे धिक्कार।।

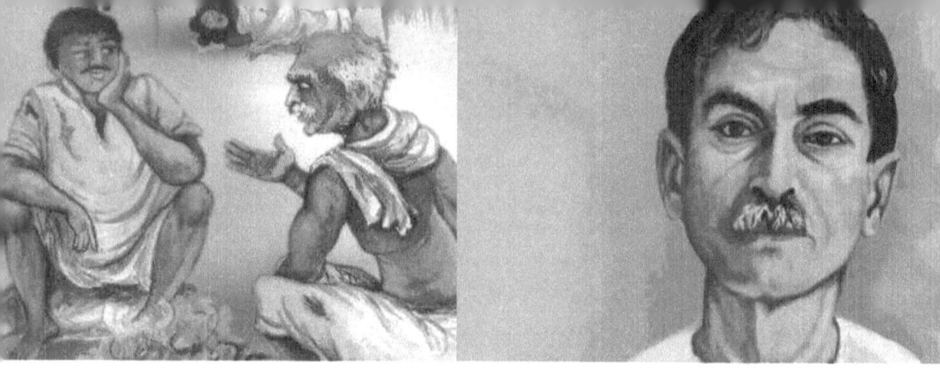

"कफ़न" – मुंशी प्रेमचंद

''कहानी सम्राट'' मुंशी प्रेमचंद की कालजई, अत्यंत मार्मिक कहानी 'कफ़न' पर आधारित पंक्तियां, जिसमे कामचोर व निर्धन पिता पुत्र, 'घीसू' और 'माधव', आधी रात, गहन–प्रसव पीड़ा में माधव की पत्नी, 'बुधिया' की मौत का इंतजार करते हैं, मौत के बाद लकड़ी, कफ़न के नाम पर गांव वालों से पैसे इकट्ठे करते हैं और 'मधुशाला' में शराब पीकर नशे में कभी खुशी कभी ग़म का इज़हार करते हुए वहीं गिर जाते हैं।

घीसू, माधव पिता पुत्र हैं, गांव में क्यों बदनाम
कामचोर अव्वल दर्जे के, काम का ना लो नाम,

    'बुधिया' गहन–प्रसव पीड़ा में, पड़ी झोपड़ी अंदर
    आधी रात तड़पती जाए,   पीड़ा हुई समंदर,

दवा–दारु तो बात दूर की, भोजन के भी लाले
घीसू, माधव इंतजार में,   ईश्वर इसे उठा ले,

    बाहर बैठे दुख जतलाएँ, अंदर क्यूं ना जाएं
    किसी खेत से चोरी कर, आलू भून के खाएं,

हाल जानने जो भी जाए, आलू अपने गवाएं
इसीलिए गरम–गरम ही, मुंह में ठूंसते जाएं,

    इंतजार में सो गए बाहर, उठे सुबह जब जान
    चीख–पुकार हुई थी शांत, निकल चुके थे प्राण।

कैसे उठे 'मिट्टी' बुधिया की, दोनो दिखें उदास
पैसे घर मे गायब हों,   ज्यों चील–घोंसले मास,

कपड़े, खाना मांग के लाते, 'धेला' न था पास
कहां जायेंगे किससे मांगें, दिखे न कोई आस,

हिम्मत कर, परिणाम जान, पहुंच गए जमींदार
जमींदार से दुत्कारे, और पीटे गए कई बार,

दया दिखाना कामचोरों पर, उसी तरह बेढंग
ज्यूं काले कंबल पर कोई, कभी चढ़े ना रंग,

पिता पुत्र दोनो ही जब,   रोए धोए चिल्लाए
जमींदार दिए ''दो रुपए'', पर ना शोक मनाए,

दान मिल गया जमींदार से, फिर काहे की आंच
दो दो, चार चार 'आने' करके, रुपए हो गए 'पांच'।

पहुंच गए बाजारी करने,   लकड़ी और कफ़न
लकड़ी तो पर्याप्त मिली, पर जंचा ना कोई कफ़न,

तभी भरे बाजार दिख गई, जशन भरी 'मधुशाला'
चखनी, बोतल ले कर जम गए, दे प्याले पे प्याला,

कफ़न तो कोई डाल ही देगा, फिर क्यों करें जतन
आधी बोतल खींच गए जब, याद आया भोजन,

जिस भोजन को तरसा जीवन, मिला कभी न अवसर
दो पत्तल 'सब्जी–पूड़ी' ले,   भोजन खाया जमकर,

मर कर भी भर पेट खिला गई, बुधिया का उपकार
बना उसे ''बैकुंठ की रानी'',   ईश्वर दे उपहार,

खा–पीकर जब नशा चढ़ा, खूब हुए मदमस्त
कभी नाचते, शोक मनाते, वहीं गिरे हो पस्त।।

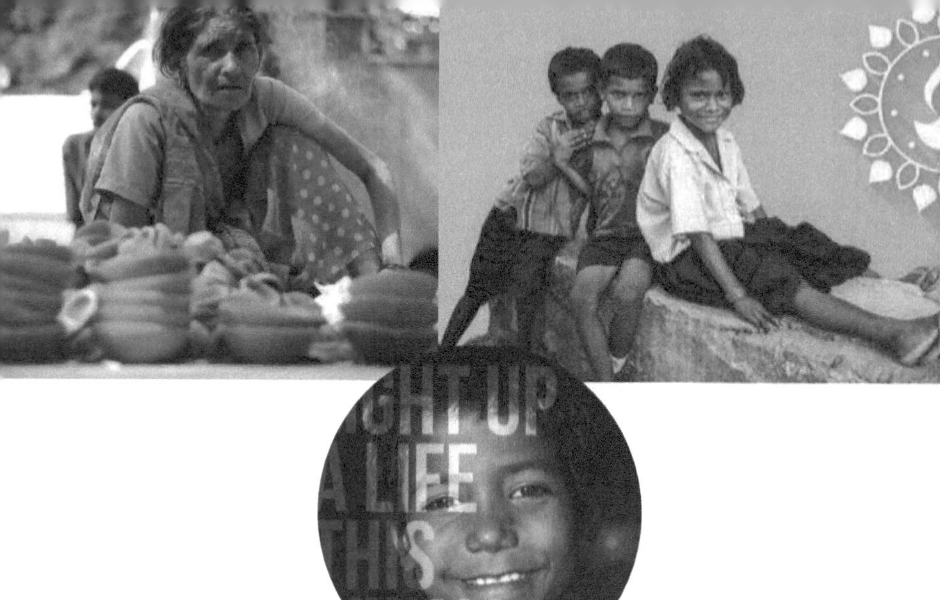

"वो" दीवाली कब आयेगी...

फुटपाथ हों जब निर्धन–विहीन,
हर व्यक्ति घर निवास करे
        चहुं ओर हर्ष की छाया हो,
        हर दुःख विपदा का नास करे।
जब कड़ी धूप, भरी सर्दी,
अर्ध–नग्न किसान नही होगा
        जब खेत–खलिहान भरे होंगे
        जब हर किसान धनी होगा।
जब दीप जलेंगे खुशियों के,
घर घर लक्ष्मीजी वास करें
        हर बच्चा छोड़ेगा रॉकेट
        हर घर रोटी की आस करे।
''वो'' दीवाली कब आयेगी,
कब आयेगा वो ''राम राज''
        सपना रोटी का ना होगा
        जब होगा खुशियों का ताज।।

अंतरव्यथाः

**युवा पुत्र के चले जाने के बाद
माता-पिता की अंतरव्यथा...**

(Melancholy)

तू जो आया, भर गया जीवन खुशियों से
तेरी खुशियों में, अपनी दुनिया अपना दम था
जब तू था तो किसी कमी में कोई कमी न थी
ना उम्मीदें, ना ख्वाहिशें, ना ही कोई गम था।

इतने बरस साथ रहकर छोड़ गया तन्हा
तेरी जुदाई ना सही जाती है, ना कही जाती है
दिल लगता है ना महफिल, ना तन्हाई में
जिन्दगी बस लाश की तरह बही जाती है।

रोज की दिनचर्या, ना काम कोई भाता है
हर पल, हर घड़ी, तू बहुत याद आता है
नींद आती है ना रातों में, ना दिन को करार आता है
खुशी के पल दिखते ही कहीं, तू हमे ज़ार ज़ार रुलाता है।।

गांव का जीवन....

कच्ची सी मिट्टी कच्ची डगर
कच्ची दीवारें 'कच्चा' सा घर

सच्चा मानुष सच्चा सा जीवन
सच्चा सा रिश्ता सच्चा हर मन।

रस्ता महकता भीनी सुवास
कोल्हू पे पकती ईख की रास

स्वच्छंद सूखते भेलि, गिंदौड़े
आकुल सा मन पाने को दौड़े।

कुएं, तलैया जल भरी गागर
घर घर छलके प्रेम का सागर

कच्ची दीवारों पर उपलों की थाप
शिल्पकला सी जीवन की छाप।

गाय के कंडे मध्यम सी आंच
हारे में कढ़ता दूध, दही, छाछ

मिट्टी की हांडी सरसों का साग
मक्का की रोटी मक्खन का झाग।

सांझ की लाली गौधूली की बेला
कंठी की घंटी पशुधन का रेला

सोना सा बरसे स्पंदित हर तन मन
निश्छल अछूता सा गांव का जीवन।।

बचपन...

स्वप्न कुछ पुराने सताने लगे हैं
बचपन के दिन याद आने लगे हैं

"पांटिक्का" के खानों पर संतुलन बनाते
"पंचबित्ती" के ऊपर निशाना जमाते

घर घर मुहल्ले की छतों को टापते
पतंगों के पीछे गलियों मे भागते ।

'कैरम', 'लूडो' की गोटियों को चूमते
"क्वीन" निकलते ही कैरम पर झूमते

गिल्ली लपकने को तेजी से भागते
चूकने पर दूरी को डंडे से नापते ।

चवन्नी किराए पर घंटे को मिल जाए
कोई भी साइकिल चलाने को मिल जाए

खाने की चिंता ना कपड़ों का होश
दिनभर खेलकूद गज़ब का जोश।

घर वाले बोलें खेल हुआ पढ़ लो
बस्ता निकालो होम—वर्क कर लो

पढ़ लिख जाओगे सबको भाओगे
जीवन संवारोगे 'कुछ' बन जाओगे।

दिन वो सुहाने महकाने लगे हैं
बचपन के दिन याद आने लगे हैं।।

क्या हमारे पूर्वज हमसे अधिक सुखी थे...?

मानव बुद्धि कर रही हर सीमा को पार
विज्ञान दिखला रहा   नए नए अवतार
        भौतिक सुख संसार में छाए अपरंपार
        वस्त्र अनुपम संजोए या भोजन, घरबार
रेल, हवाई यात्रा, क्रूज, फरारी कार
सब संभव उपलब्ध है नही कोई दरकार।

चरम सरीखी संपन्नता बढ़ा रही विपदाएं
सब कुछ हासिल होकर भी कहां 'शांति' पाएं
        क्या पाया इंसान ने बिखरा 'घर संसार'
        पुत्र हॉस्टल,   मां मुंबई, पापा पटना पार
बुजुर्ग झेलते अव्यक्त पीड़ा रहें दूर किसी 'होम'
'होम' कहीं भी बचा नही अब तड़पें रोम रोम।

सुखी समय था साथ में रहता जब परिवार
एक कमाए घरभर में   मिलकर खाएं चार
        ना थे इतने संसाधन ना चाहत थी और
        ना थी कोइ भागमभाग ना चिंता घनघोर
दिन भर श्रम करता 'जीवन'   पास न आएं रोग
हमसे उत्तम, सुख चैन से गए "वो" जीवन भोग।।

विनती

बहुत बहादुर, बड़ा दयालु अपना सिख समुदाय
कितनी भी मुश्किल पड़ जाए कभी न ये घबराय
कहीं बाढ़ हो, कहीं हो सूखा कहीं भी विपदा आए
यही कौम दबंग बहादुर फ्री लंगर चलवाए।

लड़ो लड़ाई आज़ादी की या हो फौज जवान
वीर भगत सिंह फांसी खाए सिख रेजिमेंट जान
गुरु गोबिंद सिंह जैसी जग में नही कहीं पहचान
मानवता और धर्म पे चारों पुत्र किए कुर्बान।

कुछ शत्रु देशों ने मिलकर नए षड्यंत्र रचाए
भोली भाली कौम को ये सब उल्टे पाठ पढ़ाए
सिख समुदाय सोच समझकर जरा लगाएं ध्यान
भारत वर्ष है देश सभी का सिख उसकी पहचान।

जिस धरती को लाल कर गए अपने वीर जवान
भूल जाएं क्या उन वीरों की कुर्बानी बलिदान
यही हमारी जनम भूमि है यहीं तजेंगे प्राण
सबसे सुंदर, सबसे प्यारा अपना हिंदुस्तान।।

आत्मघातः

**कोटा के एक कोचिंग इंस्टीट्यूट मे
16 वर्षीय छात्र द्वारा आत्महत्या करने
जाते हुए, उसके मन की व्यथा :**

होस्टल–छत की रैम्प पर तेजी से बढ़ते कदम
     बार–बार पीछे मुड़कर देखती आँखें वो नम
कोई देख ना ले कोई रोक ना दे
मंज़िल पर जाने से मुझे कोई टोक ना दे।

स्पर्धा से हताश जीवन से निराश
     कुछ पल के लिए क्यों भूल गया काश!
माँ बाप भाई बहन का वो प्यार
     दादा दादी रिश्तेदारों का दुलार।

कैसे दिखाऊँगा सूरत सबको
     कैसे समझाऊंगा व्यथा सबको
पेट काटकर करने को मुझे आबाद
     मुझ पर किया जो समय धन बर्बाद।

जीना नही बस नही जीना और
     इस दुनिय मे मेरी मंजिल ना ठौर
नही कर सकता सबको परेशान
     जा रहा हूँ छोड़कर ये दुनिया, ये सामान
हो सका तो अगले जनम मैं फिर आऊँगा
     जो ना कर सका अब वो कर के दिखाऊँगा।।

दुनिया पीछे पीछे.....

जात–पात विविधता सब, बने देश के दुश्मन
    राजनीति ने रच दिया, कलुषित अंतर्मन
शक्तिशाली देशों मे भारत की क्या गिनती
    हर सम्मेलन, हर वार्ता करता रहता विनती।

इंदिरा गाँधी देश की पहली, नेता आई दबंग
    डरी, सहमी कूटनीति अब लगी बदलने रंग
दुश्मन देश अकल का कच्चा, लिए चीन की आड़
    जंग तीसरी लड़ने आया, दिया बीच से फाड़।

संसाधन अपार देश मे, बस हिम्मत थी खो दी
    सही समय पर एंट्री मारी, जय हो मिस्टर मोदी
क्या जादू कर डाला सब पर, क्या लगाम है खींचे
    हिट हो गई है ग्लोबल सम्मिट, दुनिया पीछे पीछे।।

जीवन की रिक्तता...

दादा–दादी, नाना–नानी, मात–पिता संसार
साथ मे खेले संगी–साथी या फिर रिश्तेदार

दिन रात का साथ कभी, जीवन के पहरेदार
फिसल गए सब रेत की भाँति, मुट्ठी से लाचार

जीवन कब रुकता है जग मे, क्रंदन सब बेकार
रुकती नही समय की धारा, कोशिश करो हज़ार।

व्यस्क हुए हम व्यस्त हुए हम, चलता जीवन चक्र
कहाँ याद आयें अब बिछड़े, समय हुआ यूँ वक्र

नव जीवन धरती पर उतरे, लिया मोह का चंदन
क्षीण हुआ अब मोह पुरातन हृदय नव स्पंदन

समृद्ध हुए फिर वृद्ध हुए, अब नही कुछ अतिरिक्त
सब कुछ पाकर भी जाने क्यों, जीवन हो गया रिक्त।।

"मुकम्मल सा जीवन फ़ना हो गया है"

वक़्त कटता है, ना दर्द अब ये मौला,
कैसे कटेगी ये उम्र, तू बता दे।
क्यों छुप गया है, कहाँ छुप गया है,
कुछ तो वहाँ का पता तू बता दे।
क्या हो गई थी ख़ता हमसे ऐसी,
क्यों तू हमसे ख़फा हो गया है।
बाहर भी ख़ाली, हम अंदर भी ख़ाली,
खाली ये सारा जहाँ हो गया है।
बवंडर ये आया ना जाने कहाँ से,
मुकम्मल सा जीवन फ़ना हो गया है।।

सीधा-साधा बचपन

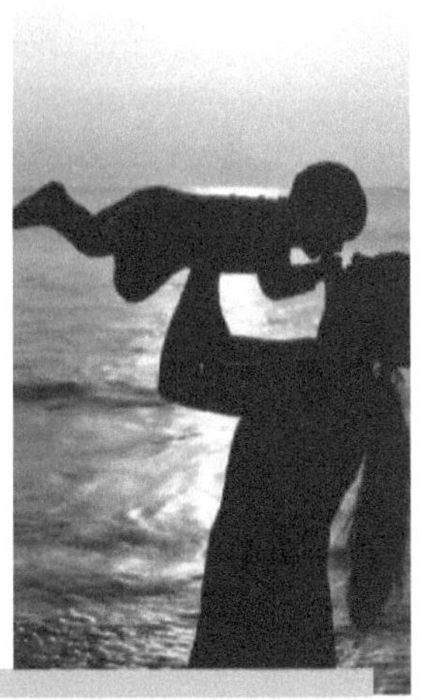

सीधा–साधा बचपन है, नही किया कोई पाप,
    फिर भी ना जाने कोई, क्यों इतना संताप,
क्यों भेजा इस धरती पर, क्या मेरा रसूख़ ?
    खाने को टुकड़ा नही, सहन ना होती भूख,
क्या सारे इस दुनिया मे, मेरे जैसे लोग ?
    क्या सब जग मे भोग रहे, मेरे जैसे रोग ?

तू भी रख कर देख जरा, अपने को इस हाल,
    जीवन देने से पहले, भुगत दर्द बेहाल,
नापतोल कर सही लगे जो, तुझे तेरा इंसाफ,
    नही चाहिये दुनिया तेरी, कर दे मुझको माफ,
नर्क नही जीना जग मे, कर बेबाक हिसाब,
    नही सहन होती पीड़ा, पास बुला ले साब।।

माता का सृजन....

महका सा जीवन है, गूंजी किलकारी है,
    घर आई आंगन मे, नन्ही दुलारी है,
कोमल सी कोपल है, कंचन सी काया है,
    देखे जो बोले सो, लक्ष्मी सी माया है।

आज नन्ही कली, कल बगिया खिलाएगी,
    आज माँ न्यौछावर, कल स्वयं बन जाएगी,
माता से माता का, सृजन अचम्भा है,
    माँ ही है संसार, माँ ही जगदम्बा है।।

दिल्ली दर्शन....

दिल्ली दिल है देश का, अचरज भरे हज़ार,
चांदनी चौक, लाल किला, या फिर कुतुब मीनार,
बचपन से सुनते आये, बड़ी अनोखी दिल्ली,
हम भी दर्शन कर आयें, चलो गाड़ दें किल्ली।

पहुँच गए बाज़ार मे, बड़े अजब से खेल,
नाम, काम मे किसी जगह, दिखा ना कोई मेल,
बल्ली धरी ना एक भी, क्यों ''बल्लीमारांन'',
किसने रखे नाम ये, कहाँ धरा था ध्यान।

''बाराखंबा रोड'' पर, दिखे ना खंबे चार,
बिजली के खंबे लगे, कई सैंकडा पार,
''नई सड़क'' पर जाना हो, आओ ''पुरानी दिल्ली'',
''किला पुराना'' मिल जाए, खोज करो ''नई दिल्ली'।

चांदनी की चाह लिए, चले ''चांदनी चौक'',
सियाह अमावस रात मे कुत्ते दिखते भौंक,
''पहाड़ीधीरज'', ''पहाड़गंज'', या फिर ''आनंद पर्वत'',
पर्वत दिखे ना दूर तक, काम ना आये शर्बत।

राहत गर्मी से मिले, पहुंचे ''दरियागंज'',
भीड़—भाड़ को देखकर, गर्मी और प्रचंड,
''पुल मिठाई'' पहुँच गए, लिए मिठाई आस,
कूड़े के बस ढेर लगे, चौबीस घंटे बास।

सुनकर रोमांटिक हुए, अब ''मजनू का टीला'',
देखें चलकर साइट पर, लैला—मजनू लीला,
ढूंढ ढूंढ कर लैला को, रंग पड़ गया पीला,
लैला की क्या बात करें, मजनू मिला ना टीला।।

सड़क पे हो एनकाउंटर....

माँ–बाप ने पैसा, जीवन, किया पुत्र कुर्बान,
कौन रात–दिन एक करे फिर, फूंक पढ़ाई जान,
जीवन मे क्यों कष्ट करें, क्यों रोज उठाएं बस्ता,
राह एक गलत पकड़ लो, सब कुछ लगता सस्ता।

धर पिस्तोल् तुरंत कंनपटी, जितना भर लो माल,
दंभ दिखाये, आँख बचाये, निडर खींच लो खाल,
कानून का डर दिखलाये, किसकी क्या है मजाल,
अफसर, नेता, न्यायकर्ता, सब पैसे के लाल।

थोड़ा और जतन कर लो, सत्ता मे एंट्री पक्की,
जीवन अब सुथरा बन जाए, काम होएं सब नक्की,
दुनिया बोले देखो भईया, बंदा कितना लक्की,
समय साथ ना दे तो भैया, जेल मे पीसो चक्की।

जेलर, डी एम, जेल मे खेलें, संग मेरे बैडमिंटन,
फिर क्यों चक्की जेल मे पीसूं, नही है कोई टेंशन
''बाहुबली'' मै जेल के अंदर, सब मेरे बॉउंसर,
योगी रूप ''कटप्पा'' आये, सड़क पे हो एनकाउंटर।।

अन्नदाता का दर्द

खेत जुताई, बीज बुआई, मेहनत के सब काम,
　　छै: माह का लालन–पालन, ज्यों हो शिशु समान।
कभी निराई, कभी गुड़ाई, कभी सिंचाई आन,
　　निस–दिन यों अथक परीश्रम, खींचे कृषक की जान।
फसल पकी जब खेत मे, मन मे सौ अरमान,
　　ब्याह, सगाई, शिक्षा, जीवन, सुध लेगा भगवान।

अतिवृष्टि या दावानल, सभी कृषक के बैरी,
　　पकी फसल भी हो जाए, ज्यों कूड़े की ढेरी।
कृषक हानि यूँ खेत मे, ज्यों ज्यों बढ़ती जाए,
　　दाम बढ़ें बाज़ार मे, दुगनी सबकी आय।
जमींदार, क्या आढ़ती, या फिर बीच दलाल,
　　छोड़ कृषक को हो जाएं, सब ही मालामाल।।

कल अपनी बारी है.....

पढ़—लिख जायेंगे, जग को दिखाएंगे,
     कहाँ आसमां है, पहुँच कहाँ हमारी है,
वक्त कर मुठ्ठी मे, दुनिया बदल देंगे,
     जिंदगी नई नई, अभी तो सँवारी है।

यौवन है जब तक, सोच नई तब तक,
     हम ही सिकंदर हैं, अहंकार भारी है,
सब कुछ है पा लिया, रुतबा बना लिया,
     तब समझ आया है, ये तो 'खुमारी' है,

''अपना है सब कुछ'' से, पहुंचे 'समर्पण' तक,
     साँसें हैं गिनती की, जीवन उधारी है,
लिख दिया उसने जो, जीवन वो जी लिया,
     आज आई उसकी तो, कल अपनी बारी है।।

विदेश में देश की याद.....

'यादें' क्यों हो जाती हैं, दूरी संग प्रबल
दूरी बढ़ते ही सदा, यादें और सबल।

दतिया से दिल्ली बसे, याद आऐं परिजन
यादें अति गहरा जाएं, दतिया–वॉशिंगटन।

कभी किसी की याद न आई, जब तक रहे थे देश
खाना पीना घर परिवार, क्यूं तरसाए विदेश।

जिन चीज़ों को भाव दिया ना, दिन भर याद सताए
गाजर हलवा, पापड़ कचरी, आम अचार क्यों भाए।

सदियां बीतीं, जिनसे मिले ना, बीत गए थे अरसे
बचपन साथी यार दोस्त सब, मिलने को मन तरसे।

जब रहते हम साथ सभी, लाइफ लगे नॉर्मल
'यादें' होती डायरेक्टली डिस्टेंस प्रपोर्शनल।।

मीठा फल है स्वर्ग....

स्वर्ग क्या है, कैसे मिलता है, कब मिलता है, कोई नही जानता। किंतु, "प्रसन्नता" एवम् "उत्कर्ष" की चरम सीमा की अनुभूति "स्वर्ग" से की जा सकती है, जो जीवन में अलग अलग समय पर सभी जीवों को कभी न कभी मिलती रहती है.... यद्यपि, ये प्रसन्नता क्षणिक होती है, किंतु "उस समयकाल" में स्वर्ग के समान होती है।

यक्ष प्रश्न सब पूछते, कैसे मिलता "स्वर्ग"?
कैसी सुविधाएं वहां, कैसे भिन्न है नर्क?
        मृत्यु के उपरांत "वहां", कौन समझने जाए
        "स्वर्ग नर्क" की अनुभूति, इसी जन्म हो जाए

मौत खड़ी जब सामने, "जीवनदान" है स्वर्ग
मृत्यु रोग के पीड़ित को, "नवजीवन" है स्वर्ग
        भूख बिलखते उदर को, "भोजन" ही है स्वर्ग
        उदासीन से बालक को, "माँ की गोद" है स्वर्ग

प्रबल इच्छा के बाद मिली, "सद संतान" है स्वर्ग
प्रभु खोजते भक्तों को, "प्रभु दर्शन" है स्वर्ग
        विद्यारत विद्यार्थी को, मिली "सफलता" स्वर्ग
        सीमा खड़े सिपाही को, "देश सुरक्षा" स्वर्ग

मनचाहा जीवन साथी, "प्रेमी युगल" का स्वर्ग
नशा भुक्त किसी रोगी को, "नशा मुक्ति" है स्वर्ग
        किसी भी जीवन क्षेत्र में, मिली "उन्नति" स्वर्ग
        कठिन परिश्रम बाद मिला, "मीठा फल" है स्वर्ग

समय का फेर

कठिन समय में दुनिया साथ छोड़ देती है, किन्तु माता पिता जब तक जीवित हैं, अपनी असहाय संतान के लिए वृद्धावस्था में भी जान फूंख देते हैं।

पाल–पोस कर पढ़ा–लिखा कर, बड़ा कर दिया
लगी नौकरी, आत्मनिर्भर, विवाह कर दिया।

बच्चे हो गए, जीवन चक्र, आरंभ हो गया
एक बसेरा, दो परिवार, घर स्वर्ग हो गया।

जीवन चलता ठीक, अचानक पलटी खाया
युवा पुत्र दुर्घटनावश, बिस्तर पर आया।

डॉक्टर क्या उम्मीद दिलाएं, अब जीवन की
'युवा बालक', शुरु कहानी फिर 'बचपन' की।

पत्नी, बच्चे, थक–हार कर अलग हो जाएं
माता पिता फिर इस उम्र में कष्ट उठाएं।

जिन 'पालक' ने पाल–पोस कर युवा बनाया
फिर से वो ही जीवन, उनके सामने आया।

पत्नी, बच्चे, रिश्ते तोड़ें, सब छोड़ें क्या होत
माता पिता यूं कभी ना छोड़ें, जब तक जीवन–ज्योत।।

मन की उड़ान....

एक अवस्था में मनुष्य का मन वर्तमान की बातों को भूल जाता है किंतु, पुरानी बचपन की यादों को नहीं भूलता और उन्ही में खो कर उसे चैन मिलता है, अर्थात मन सदैव अपनी जड़ों को ढूंढ़ता है।

क्यों बिसराए बात पलों की, याद न बचपन जाए।
क्यों ना भाए वर्तमान, बस, उर में भूत समाए।

    झरता सावन, खेलता बचपन, फिर वो नाव चलाये,
    सांझ ढले गोधुली तक भी, नीड़ ना वापस आए।

कहां गए सब संगी साथी, लौट के जो ना आए।
उर–उड़ान को क्यों कर रोकें, बचपन सैर कराए।

    मन बावरा, दिनभर घूमे, कहां कहां ले जाए,
    भटक–भटक यूं हार थके, फिर भी चैन न पाए।

सब सुख पाकर भी न जाने, मन रीता रह जाता,
छोटा सा ये शास्वत सत्य, क्यूं ना बुद्धि समाता!

    अविरल व्यग्र क्षुब्ध मन मेरा, जड़ों में वापस जाये,
    बीज जहां था सृजित हुआ, फिर 'जीवन' वहीं पे पाए।।

बचपन

बचपन के दिन, लड़कपन की दुनिया
ना महिमा ना मैडम, छोटी सी मुनिया।

ना जाति ना पाति, ना ऊंची दरारें
ना लिंगो के भेद, सब संगी सहारे।

दिन भर खेलते, झूमते मस्ती में
गली–गलियारों, गांव की बस्ती में।

घर–घर झांकते, छतों पर टापते
कोई ना रोकता, कभी न डांटते।

क्या तब पहनते, क्या थे ढांपते
बस घूमते फिरते, गांव को नापते।

ना जाने कब फिर, दिन सब चढ़ गए
कब सब बड़े हुए, कब वो बिछड़ गए।

मुन्नी से महिमा, तो मुन्ना मदन हुए
छुटकू छंटकी से, गोल–बदन हुए।

कहां ढूंढे उनको, कहां गए वादे
उड़न छू दिन हुए, छोड़ गए यादें।।

≡ ▶ YouTube

तीन चौथाई पानी फिर भी भले नहीं संकेत..जानिए कैसी है Navneet Kumar की 'बासंती पल'| Sanjeev Paliwal से

Sahitya Tak ✓
2.74M subscribers

Subscribe

👍 3   👎   ↗ Share   ↓ Download   ...

258 views 10 months ago #sahityaaajtak #hindikavita #sahityatak
#hindikavita #basantipal #navneetkumar #poetry #hindipoetrybook #sanjeevpaliwal #hindipoetry #poetrycollection
#poetrybooks #basant #sahityatak #sahityaaajtak
...more

 Sunil Prakash

 **Amazing Book**
Reviewed in India on 15 September 2023

This is a great poetry book. It has a bundle of poems to suit you as the poet beautifully shares their masterpieces with colourful images.

 Karamjeet Singh
भाई नवनीत क्या कहानी को कविता रूप दिया है ,कमाल का लेखन है कहानी तो कई बार पढ़ी है but कविता पहली बार पढ़ी है !बहुत बहुत सुंदर

🙏 ❤️ 🙏

9w   Like   Reply   See translation   Edited

ArshadNajeeb Azmi

14w   Like   Reply

वेद प्रकाश मिश्र
शानदार व्यंग,,,

13w   Like   Reply   See translation

Dalip Tawakley
अश्विन मास की ये आपकी कविता सबके दिल को भा रही है।

15w   Like   Reply

Deep Anjum
कफ़न कहानी का नाट्य रूपांतरण एवम निर्देशन किया था, उसका कई बार मंचन किया, आज कविता रूपांतरण भी पढ़ा 🙏😊

9w   Like   Reply   See translation

Ashok Grover
Apki kalpnik shakti bahut kuchh keh gayi hai, Navneet, where moon placed in horoscope.....amazing

12w   Like   Reply   See translation

Mudita Garg
करारा व्यंग्य 👍👍

13w   Like   Reply   See translation

Manju Gupta
🙏 बहुत सुन्दर प्रस्तुति दर्शाई है 💐🙏👍

Mudita Garg
बहुत सुंदर कविता .इसको पढ़ते हुए दिनकर जी की " रह जाता कोई अर्थ नहीं " याद आती रही 👍👍
👍 भाव और शब्द उच्च कोटि के 👏👏

13w   Like   Reply   See translation

ArshadNajeeb Azmi

14w   Like   Reply

Ghayoor Asif
आदाब सर!
वास्तविकता को प्रतिबिंबित करती, अत्यंत मार्मिक एवं हृदय स्पर्शी रचना।

15w   Like   Reply   See translation

Dalip Tawakley
Your poems on current affairs are remarkable. These should be published in newspapers for deserved wider reach.

3w   Like   Reply